U0129254

我將穿過黑夜去看你

孫月霞 著

文 史 哲 詩 叢

文史哲出版社印行

國家圖書館出版品預行編目資料

我將穿過黑夜去看你 / 孫月霞著. -- 初版. --
臺北市：文史哲，民 109.09
　　頁；　公分. --（文史哲詩叢；148）
　　ISBN 978-986-314-528-8（平裝）

851.487　　　　　　　　　　　109014436

文 史 哲 詩 叢　148

我將穿過黑夜去看你

著　　者：孫　　　　月　　　　霞
出 版 者：文 史 哲 出 版 社
　　　　　http://www.lapen.com.tw
　　　　　e-mail：lapen@ms74.hinet.net
登記證字號：行政院新聞局版臺業字五三三七號
發 行 人：彭　　　　正　　　　雄
發 行 所：文 史 哲 出 版 社
印 刷 者：文 史 哲 出 版 社
臺北市羅斯福路一段七十二巷四號
郵政劃撥帳號：一六一八○一七五
電話 886-2-23511028・傳真 886-2-23965656

實價新臺幣三二○元

二○二○年（民國一○九）九月初版

我將穿過黑夜去看你

王堯

孫月霞以散文名世庚子伊始詩興動

發感懷傷逝寫實玄想往還此岸

彼岸蔚為大觀漸成氣象於是我

們穿過黑夜讀她的詩庚子春玉堯

欒　序

　　孫月霞是我在蘇州大學招收的最後一屆碩士，後曾追隨我到上海復旦大學讀書。2020疫情戰役接近尾聲的時候，她交給我一本詩集。我是有些意外的。據我所知，她之前出過兩本散文集，但應該從來沒認真寫過詩。

　　此次疫情，讓人們能夠靜下來，放慢腳步，重新傾聽內心的聲音，思考某種關係，孫月霞也是眾多思考者之一，並用一首首小詩快速地做出了反應。在宏大的敘事和工作話語之外，孫月霞自覺地反思人生，挑戰平庸，對某種堅硬進行妥協，在妥協中堅守光、永恆和理想。

　　孫月霞的詩作非常平實，沒有華麗的辭藻和炫目的意向，著眼日常的事物，平庸而瑣碎，而這些正是她的生命記憶和生命積澱。她努力從日常性中打撈出詩意，在詩意中重建關係，在關係中釐清存在的方位感和生命本體的意義。在溫和的批判中反思；在原諒和寬恕中蛻變；在縮小自我的時候放大世界，不焦躁不浮躁，目光向下，沉入大地。

　　不得不說孫月霞具備了對瞬間碎片的某種把握能力，並在一首首小詩中將這些碎片進行整合，形成某

種悲憫或團結的立場，呈現出某種意味，並讓意味具備進一步生發的可能性，可以稱之為宗教性或者哲學性。這些都說明她作為一個詩人存在的某種可能性，某些素質和修養初見端倪，而這正是我所期待的。我願意不吝嗇我的期待。

　　　　　　　復旦大學教授　博士生導師　欒梅健

　　　　　　　2020年3月19日

我將穿過黑夜去看你

目　次

第一輯

平　庸

飽食終日的鼴鼠躲到書裡
看你平庸的生活

上個世紀的一部催淚大片
假的，假的，你說

孩子叫嚷著離家出走
走吧，走吧，你說

日曆上重要的人已經絕交
寫好的信無處可寄

種子還沒有發芽
櫻花散了滿地

紅紅的爐火過早熄了
與一切堅硬達成妥協

今夜有颱風　策劃多日的密謀掃蕩一空

陰　天

花影氤氳著
寂寞地開與合
一場雨正要到來
或者剛好離開

一條魚在上桌之前
最後一次驕傲著出生
風火輪疾馳
滑出昨晚的漣漪

過氣的肢體塞不下
昨天的慵懶
瓶中的向日葵
努力開出田野中的樣子

女人用一首老歌
重溫了初戀
初春用陰天
完成冬最後的絮叨

悠長的午後

下午四點半
一本未打開的書
一杯未燒開的水
一包被嚼爛的思戀

寂寥
是一個人的通道
終於薄成一張紙
不落一字

那隻奄奄一息的鳥
在原地踟躕多日
終於在這個午後
離開

一天
是從早晨開始的嗎
抑或是午後
遠方炊煙起

這些年，我們這樣長成

是小鳥初睜的眼
是早晨的微陽

是青澀的梅子
是杜鵑的初啼

是中秋的桂花
是普洱的綿長

是青石板的月光
是一縷悠悠的沉香

後來慢慢成了一本線裝的書
是誰參與了書的編寫
在哪個章節出現
又在哪個章節離開

關　於（四題）

關於大地

年少時

我們在大地上奔跑

長大後

我們在大地上收穫

收穫果實

也收穫四季

以及隨順和不惑

關於文學

年少時

文學是花

長大後

文學是傷口

沒痛苦沒文學

欲說還休　　欲說還休

關於散文與詩

今天以前
我們活成散文
鋪陳排比或率性
今天以後
讓我們活成詩
省略所有的秋收和醞釀
直接端出生命的酒
酒不醉人人自醉

關於快樂

沒有兩朵花是一樣的
更不要說快樂
窗外冬陽照在翠竹上
這一片和那一片
一點都不一樣
所以一定要
幸福著你的幸福
快樂著你的快樂

上個世紀九十年代

日記本

那些格子是年輕的骨骼
以為都是成長的疼痛

後來發現連疼痛的皮毛都不是
偏要將葡萄嘗出杏子的味道

哪裡有陽光
哪裡就能生長也是騙人的

自行車

那些鋥亮的齒輪
是風車
是帆
也是巨輪
那個少年騎上它
追逐夢

追逐風
追逐每個開始

夜

一隻貓在被頭鑽來鑽去
終於躺下來

我們兩個都不說話
靜靜聽完電臺最後一首歌

它像我的孩子
也像我的母親

信

我等來一封信
把它藏在老屋的深處
最好青苔幾許
最好庭院深深
然後再蓋上幾片瓦
等我的孫子來發現

初戀

毛茸茸的味道
春天的碧螺春

清明透亮
清明前的雨

泡開一壺茶
味道正好的樣子

油菜花

幾根油菜花
開在土牆前

土牆
是蜜蜂的家
新娘是外地的
他們三天沒有出門

鳥　窩

（一）

夕陽掉到鳥窩裡
孵出一個村莊的小鳥
第二天早晨
又到我家做了窩

一隻狗盯著
今天
它不想去拿耗子

（二）

我想找一棵乾淨的樹
邀請你一起住進去
躲避獵人
躲避狡猾的狐狸
以及一條自不量力的狗

秩　序（一）

每天早上
我背對著朝陽出發

每天晚上
我背對著夕陽回家

這就是我的秩序
一點也不能亂

2020年3月8日有感

秩　序（二）

我懷著作戰的心情
追捕一隻鳥
並想像著兩隻手的姿勢
沒想到
它一步步靠近我
只是讓我把它抓進籠裡

賽　跑

昨晚我做了一個夢

我和母親賽跑

母親在河裡

踩著自行車

逆風而行

夢醒後　　我明白

有些人你永遠跑不贏

比如母親

搶　先

我總是想
搶先拍出一朵花的樣子
我不知道為什麼要搶先

我盜了一張去年的圖
被朋友識破
於是打算和他絕交

長　成

花會長成花的樣子
果會結成果的樣子

給我一點時間
讓我長成你要的樣子

或者燒一把火
煆造也行

拒　絕

有那麼一段時間
我拒絕將我的手錶
調得準點
以及一切的精準

有那麼一段時間
我拒絕將一切動物的肉
塞到嘴巴
以及一切的血腥

有那麼一段時間
我什麼也拒絕做
只是在想
如何更優雅地接近死亡

書於2020年2月25日

完　美

剛拍好的照片
後面有一道裂紋
太不完美了
你說

聰　明

我總是想變得聰明

如果是草
就想知道風從哪裡來
如果是狗
就想知道哪裡有骨頭
如果是害蟲
就想知道哪裡沒有下毒
如果是病毒
就想知道哪裡能繁衍
如果是流星
就想知道哪裡有賣火柴的小女孩

但我總是失算
到現在還是一無所有

荷的三重奏

荷塘清清楚楚

荷是荷
水是水
泥是泥

小時候想做荷
長大後想做水

現在覺得做泥也不錯
一個霹靂　　就能孕育無數的荷
聽說明天有春雷

書於2020年驚蟄前一天

原　點

撞擊一千遍後
桌球
回到洞裡

晃蕩一千遍後
秋千
停止擺動

當桌球遇到秋千
一千年後
有了我

網

閃電
血盆大口

蚊子終於讀懂了
等待
蜘蛛的
一道白光下

終究是它的
就這樣吧
蚊子想
心安理得地舔舔昨晚吸的血

尋　找

（一）

餃子端上四方桌
門打開
請回列祖列宗
列宗列祖

誰是我的列祖
誰是我的列宗
我不得而知
請饒恕我

我跟在父親後面
尋找列宗列祖
只要跟在父親後面
我就沒有錯

造化
讓我姓著和石猴一樣的姓
佛祖自有安排

（二）

今天　　我將
從一片水鄉到另一片水鄉
從一條河到另一條河
從一塊田到另一塊田
從一朵菜花到另一朵菜花
去尋找
我和你的隱秘關聯

問星星
問大地
問一條河的母親
問一朵花的妹妹
直至最後一棵荊棘說
到此為止吧　　入土為泥

道　具

起碼，之前我是快樂的
大膽地想像
兩個人在狂風暴雨中擁抱
一條巨輪在驚濤駭浪中航行
一個劍客在叢林中拔出了劍

後來我親眼看到
狂風暴雨是水槍幹的
驚濤駭浪是鼓風機幹的
劍是塑膠的　　你猜對了

可惡的好萊塢環球影城
我憤憤地想

信　仰

我信仰一切陰陽
日與月
天與地
山與河
乾與坤
經與緯

我信仰一切規則
春天開花
冬天飛雪
一切的銅牆鐵壁
堅不可摧
人心是最大的軟肋

我信仰總量平衡
能量守恆
一切的尋找都會回到原點
一切的無常都會輪迴更迭
天上總有一顆星星是你的

所以
一個人的故事
一個人去完成
一個人走丟了
一個人在原地等

書於2020年3月2日

地獄的紅

在將小龍蝦推進油鍋之前
我沒煎過小魚
也沒炸過咖哩雞
只做過抹茶蛋糕
在夜裡裝扮成佛的吃相

向死而生
修煉地獄的紅
人仰馬翻的快意
涅槃所有的張牙舞爪
今夜　　不入你的夢

創作於2020年2月17日夜，修改於2月18日晨

密碼鎖

黑暗中閃爍的眼
門裡葷葷素素
門外半醉半醒

數字是心底的痕
一個人的秘密
忘記密碼之前
鎖生銹了
真是一件太幸福的事

致　影

月光下
我偶遇了影
很多時候
人無法與自己相遇
包括影

白天都將遁於無形
何況
黑夜中
那麼真實的影
只屬於一個人的
落寞，沉靜，抑或歡愉的影

每一個人
都是我們各自的
影
所有的影子拼接起來
變成自己
也變成對方

因為　　世間萬物
我們互為鏡像

雖然影子不語
而且稍縱即逝
你在與不在
江湖
都有你的傳說

致旅途

錯過就是過錯的月臺
出發即是到達的軌道
你的起點就是別人的終點
世界就是這樣奇妙

似有若無的山
像極了那個似有若無的人
巍峨或寥落
總是別人的故事
熱鬧總是別人的
沒有人能真正走進山裡

大地總是謀定而後動的
青黃不接是
她在冬天的偽裝
河流流或不流
本來就是一個謎

月　下

其實那時的月
跟現在的沒有什麼兩樣
只是黑夜更黑罷了
邊上還有一座墳

一個枯死的五保戶女人
不乾不淨
我想她如果突然鑽出來
我就逃跑

後來月亮出來時
我總是會想到這個女人
我心悸月色下的溫柔
害怕狐仙擋道

二十年後

天橋

跨過天橋
鎖住一屋子的爆笑
以及一個晚上的意淫
以二十年之後的方式
人模狗樣
天橋成斷橋

操場

奔跑或哭泣
一群人的躍動
或一個人的靜坐
哪一種是生命更入定的方式
空中有一雙眼

教室

爬滿藤蔓的那些地方
總有一間是我們的吧
那裡講過A，B，C嗎
只記得誰與誰坐
以及有個人第一次站上講臺的模樣
哲思總是在哲思之外

食堂

門口一隻野貓
瞪大一雙眼
窺覷當年的千軍萬馬
以及熱氣騰騰
用自己的饑腸轆轆想像
當年一個個填不飽的胃

禮堂

空洞的眼神嘲笑
來自二十年後的我們

耷拉的眼皮
小心翼翼的神情
那裡應該有過故事的吧
比如誰牽了誰的手
誰又給了誰最後一個擁抱

曾　經

有一個男孩
帶著他的孩子
抵達過這裡
他終究不會講他與她的故事
有一個女孩
帶著她的孩子
抵達過這裡
她終究不會講她與他的故事

我把我的十八歲弄丟了

我打開了舊皮箱
去參加我的大學同學會
那是父親在25年前買的
花了八十元錢
同去的嬸嬸
剛剛放下手中裹著的粽子

我以為我要找的是
青春，記憶
或者那些老照片
我以為是這樣的
不想找到的還是父親扛著它
走上夢溪山的身影

我同樣以為我做好了
所有的準備
一堆冠冕堂皇的語言
以及從未帶過的耳釘
我以為是那樣的

沒想到　　還是活得像一隻小刺蝟

我把我的十八歲弄丟了
不知丟在哪一年
撿起來
一堆碎片
重新拼接
向天再借十八年

天大的事

曾經
愛情是天下最大的事

後來
除了愛情　　天下都是大事

輪　迴

（一）

外婆走的那年

下了一場雪
大地白了頭
我也白了頭

母親大聲地哭泣
跺著腳哭泣
很難看地哭泣
由她去吧

後來我兒常常問我
天堂到底有多遠
以及她什麼時候會去天堂
這是我今年覺得最難的問題

（二）

我喝了蜂釀的蜜
吃了雞下的蛋
子孫又喝了蜂釀的蜜
吃了雞下的蛋

後來的我們
歸入了大地
蜂釀出了更好的蜜
雞下出了更好的蛋

再後來的我們
變成了那隻努力釀蜜的蜂
那隻努力下蛋的雞

埋　葬

這個春天
滿樹的繁花
埋葬我

寫於2020年2月22日

醉

曾經
為你大醉

後來
總想把你灌醉

再後來
你想醉時我攔住了你

修　煉

一條絲瓜
爬到最高的地方
以最慢的速度生長

修煉成絲瓜精的時候
其他的絲瓜
都在最年輕的時候下了肚

小　船

捕魚便捕魚
撈蝦便撈蝦
或者做淘米的碼頭也行

使用時大家一起使用
丟棄時大家一起丟棄
小船　　漸漸成了擺設

演　練

策馬揚鞭
縱橫馳騁
漫捲紅旗
迎風招展
信誓旦旦
滿懷激情

所有的詞都演練了一遍之後
你蔫了

碎　片

（一）夢

我忘了那是一個好夢還是噩夢
只是摸到了眼角的淚
天亮了

（二）腳印

都說世界上有腳印
可我從來沒有看見過

行色匆匆的人
鞋都沒有沾地
哪來的腳印

（三）想念

世界上最昂貴　　最廉價的
都是想念

想念時星星特別亮，也特別暗
說到底還是特別亮
想念時是幸福　　也是憂傷
說到底還是幸福

想念的最好來，也最好別來
當然最好還是別來

（四）懷念

一壺水在燒開之後
變成蒸汽之前
總是無限地懷念它作為水的樣子

（五）做不到

我知道不動聲色比喜形於色好
可我總是做不到
尤其是在對待你的時候

（六）塡

巨大的河網拉出一個碩大的表格
榨乾我所有的血汗
誘惑我說出所有的秘密
甚至每一個無聊的瞬間

我填了一整個春天
也填不滿

（七）小小

我希望我是小小的
永遠小小的
小到你根本不放心離開我

你離開我的那一天
一定是以為我已經長大了

（八）懼怕

我知道父親是懼怕死亡的
儘管他已經選好了安葬地

除此之外
他什麼也沒準備好

我也總是懼怕身體的疼痛
至於心理的
正在學會一笑了之

（九）落葉

別人看花
我看落葉

當我學會低頭的那一霎那
發現對你的愛從來都不是曾經

（十）燈光

黑夜中，我朝著最亮的地方走去
後來
發現那根本就不是我的家
再後來
我在那人家的燈光裡回家
並發現

多走的路都是值得的

（十一）算計

算盤珠珠　　那麼點
羅盤方向　　那麼點
棋盤棋子　　那麼點
所有的算計都是推倒重來的遊戲

（十二）來來回回

我來來回回了一個上午
一會走進陽光裡
一會躲進小屋裡
最後還是決定躲進小屋裡
並無限惱恨那些來來回回

（十三）成為

有些事物毀滅了才能成為
比如雞蛋
總是在粉身碎骨中圓寂

（十四）愛與問

有些事物註定是用來發問的
比如星空
比如大地
比如無窮的遠方
和無盡的人們

後來的我們發現
真正愛的也就那麼幾個人
越來越少　　越來越摳門
不願意被世界分了毫分
這越來越吝嗇的愛啊
幾乎耗盡了我們所有的青春

（十五）甄別

一切都是裸露的時候
世界並無二樣
當繁華來臨時
才能看出異樣

又常常被迷住了眼睛
總是忘記了甄別

（十六）陌生人

我多希望你是個陌生人啊
最多聽說過我的名字

那樣我可以大膽地裝扮自己
裝扮成你想要的樣子

（十七）等待

等待的都需要到來嗎
或者我們只是需要等待這樣一個過程

語言與語言之外
哪一個才是真正的等待

荒　謬　一

荒謬啊
荒謬
居然敢長得比第一高樓還高
飽脹　　鼓鼓囊囊　　像一個鄉下女人
叫著鄉下的名字
油菜籽

我是多麼想將她連根拔起
將她送回家與她的姐妹們呆在一起
哪知她說她沒有家了
姐妹們都到了城裡
她們的家就在高樓那裡

我虔誠地蹲下身子
為鄉下的女人留一張影
讓最高的樓做她的嫁衣
轉念一想的我啊
那麼的
充滿詩意

沒有哪個下午比
　這樣一個下午更好

紫藤花開了一株

另一株死了

她們其實說好的

一個去死

一個向生

用死來對應　　生氣勃勃的生

孩子在讀書

或者不讀

我在搖搖椅上睡覺

或者不睡

孩子找來她自己

做我的支點

漏來光線的地方也漏來風

平衡縫隙的大小一直是個難題

我起身拉開一點縫隙　　再關上

再打開　　再關上

最後終於放棄
搖搖椅真是個好東西
你的角度就是它的角度
乖巧而聽話
穿著懂得的外衣諂媚
嘲笑窗戶的愚笨
以及我的手足無措

我決定在這個充滿悖論的下午睡去
不再思考
書從手邊落下
一陣風從縫隙吹來
替我看沒看完的書
並從沉睡的我旁邊經過

囚

居然花開兩朵
在屋頂
一動不動
安靜地盛開
致敬　　縫隙

窗外　　風起　　凌亂的竹影
凌亂的背景
凌亂的花的心
隔著玻璃對抗
或者相忘

他們的根是在一起的
一片窄巴窄巴的泥土
想躲也躲不開
明明彼此呼應
卻老死不相往來

一張沒有眼淚的倔強的臉

櫻花的雨
琥珀的魂
皇冠上的珍珠
可是，那天晚上通通被老天借去
做了佈景
留下一張沒有眼淚的倔強的臉
成功地扯平了一支軍隊
是啊　　扯平了　　撕裂著
成了招搖過市的風景

年久失修的觀景臺上
祭祀著一張沒有眼淚的倔強的臉
我抓起一把石塊砸過去
又捅漏了三月的天
不知人海中的你　　有沒有一點疼

熄燈之前

一天結束的時候
我在想
唯兩個點的相撞
才能奏出美妙的樂章
由點到面一定是亂彈琴

今天，我一不小心遇見了全部的你
一定是你的表演太盡力
而我又入戲太深
這對我們都不太公平

當然　　如果你也碰巧遇見了那個全部的我
請在熄燈之前將我遺忘
因為明天的我
一定不是你昨天遇見的那個

荒　謬　二

舊物

過去的一切都已經很舊了
你小心翼翼地收藏起它們
從一個破舊的屋子裡

新的主人就在門外
帶著勝利的微笑
終於屋子再破也不關你的事了

你和新的主人共用一把鑰匙
然後你悄悄地睡下　　在他們熟睡之後
在他們旁邊

那是第二天早上的一個夢
現在你帶著你的舊物出逃
帶著比哭還難看的微笑

後來，你將一切都包裹好
高高地放在頭頂的櫃子裡

高高地
放在
頭頂的櫃子裡
很多年絕口不提

入港

一隻大船喘著粗氣進入了港灣
只有那小小的河港懂得
疲憊的尾音　　細若蠶絲的一聲歎息
是他們今晚的集結號

今夜　　他們默默無語
為了生活的悖論
河港的意義是停泊
大船的意義是出征
他們生來就不是為彼此而存在的
大船拋錨的那一霎那
小小的港灣感覺到了疼

小小的河港搖啊搖
大船慢慢進入了夢鄉
在那裡大海融入了藍天

　　大船融入了大海
　　將背影留給這小小的河港

腐蝕與雕琢

竟然用著同樣的手法
連時間和耐心都是驚人的相似
不同的是去掉的部分罷了

腐蝕去掉核　　留下皮囊和空的心
彷彿一個空孕囊
最終搖搖晃晃
雕琢去掉皮　　留下色彩和形狀
比喻詞和象徵義
凝固成時間的模樣

在霍霍而來的磨刀石來臨之前
將軟的更軟　　硬的更硬
避免疼痛　　更避免犧牲
然後一覺醒來

.

第二輯

春天的這幾個月

（一）三月

我親眼看見
一隻燕子在我家做了窩
滿屋呢喃

我親眼看見
一隻烏龜活過來
另一隻成了化石

我親眼看見
一匹馬從畫上摔下來
早晨的馬

（二）四月

所有關於死亡的事情
都應該在四月想明白
安葬地

墓誌銘
以及最後送你一程的人

然後好好活著
給花和人都培一下土
吃一碗午後的炸醬麵
寫完那首沒有寫完的詩

（三）五月

滿樹的月季開了又開
雲層的顏色一直在變
舍利子生出一二三粒
舊皮箱眼看就要說出它的秘密

我們在等待
一場去海邊的遷徙

看 柳

小時候
無風無月
無風月
只看柳

總應該有個人聊聊的吧
聊聊柳的美麗
池上的風景
以及細若髮絲的呼吸

柳樹何時吐出第一顆芽
或者到底哪一顆
才是柳樹的第一顆芽
這是一個糾結我很久的問題

柳絮
總是殘忍地膨脹
和著盛夏的果實
腐爛的氣息彌漫

那些年的春

冬天在風與風之間穿過
巷子悠長

爐火熄滅的時候
詩還沒有寫完

依在門框
等待那封穿越整個冬天來的詩

三月的雨
讓詩重得拎不起

那些年的春
花影幾重重

江南春早
喚醒遠方一株蘭

花　事

（一）

一朵花掉下來
飽滿色澤鮮豔
疼痛是後來的事

怎樣讓一朵花回去
三歲的鬧鬧曾經了比劃一個下午
比花還痛的痛　近乎絕望

（二）

好美的櫻花我說
哪裡是什麼櫻花
一顆杏樹而已
旁觀者說

不久就會結出小小的果
誰也不會要的果

旁觀者接著說

（三）

每一朵花奔赴大地的時候
都會微微地戰慄

大地是知道的
只有大地知道

你看你看你就像那天邊的雲

今天
我在想
人們為什麼總說
你看你看　你就像那天邊的雲

多好的詞啊
輕了就飄走
重了就落下
更多時候不輕不重
只是在那裡

進可退
攻可守
狡猾的雲
狡猾的人

隔岸觀火的快感
讓人們說
你看你看
你就像那天邊的雲

夏　天

大地首先皮開肉綻

接著是狗

接著是蟬

抗議嘰裡呱啦

一□□枯井

膨脹

在潮汐下

欲望酥醒

狂風

柳樹條

捲走了亞當的最後一件衣服

雷雨就要來了

下　雪

今晚
我不確定是在等待一場雪
還是在等待
雪帶來的你的消息
然後一起談談
那年那月那雪
或者爭一爭
關於這場雪的虛偽

牡　丹

這是一株黑牡丹
我見過它花開兩朵的樣子
那是它最美的時候
也是我最美的時候

後來的兩年
只開一朵
或者乾脆
不開花

再後來枯萎了
只剩一把枯骨
有人說土不行
有人說水不行
又有人說水土不行

我準備揮淚跟它告別
並想好了後繼者的樣子

這個春天
它活過來了
我不知道是何時活過來的
正如我不知道它何時枯萎的一樣

死的理由有千萬條
活著的理由
只有一條

寫給正月（三則）

下雨了

為了看清
一粒雨落下的樣子
我找到了一片葉
一陣風來
竹葉別過臉去
不給我看

夕陽下山了

夕陽下山前
會變紅變大
紅成正紅
端莊地謝幕
大成碩大
最後一口氣呼出的
迴光返照
再追

一丁點也沒有了
彷彿從來就沒有來過

十五的月亮十六圓
只等今夜月圓

當城市又變窄

當城市又變窄
窄得我蜷起身
仍會觸碰到你的時候
我們註定會回憶
這個無邊肅殺的開篇
哭著的
笑著的
哭著笑
和笑著哭的這個開篇
或者什麼也不幹
只是靜靜地坐著的
這個開篇

洗刷吧，洗刷血跡
也洗刷靈魂

當春天到來的時候
請問問自己
有沒有看花開的資格
還是到那時
將拿下的口罩
戴到花身上

霧

（一）

霧濃鵝肥
霧動鵝動

鵝馱著霧
霧馱著我

鵝在霧裡
我在霧外

霧裡霧外
浩浩蕩蕩的一團白
大地乾乾淨淨

（二）

那些年的霧特別大
我朝一隻鵝走去的時候

以為她是天鵝
結果誤傷了它
父親說了一個晚上的好話

我想
霧雖美
卻不是什麼好東西

後來我總是喜歡
在霧中首先發出聲響
以免傷人
也避免自傷

小　鎮

我打老街過
聽說那裡有個舊郵筒
可我從來沒寄過一封信
那時小

我打國營油廠過
聽說那裡有愛情
可我只看見翻飛的尿布
那時小

我打迎街的店鋪過
聽說那裡的燒餅很好吃
可我從來沒錢買
那時小

我打學校過
聽說那裡有個男生喜歡我
可我從來不知道
那時小

我打寺廟過
聽說那裡有神仙
可我從來沒遇見
那時小

小鎮哦，小鎮
那是我的北京、紐約、巴黎和倫敦
我爬上過聽說很牛的帝國大廈
但從來沒有真正走進過小鎮

村　莊

男人走向地平線之前
趕走了兩隻交配的狗

他的母親那時還不在墳裡
我希望她是我的親奶奶

螞蝗爬過他們的腿
麥芒刺過他們的手

整個村莊
都是他們的後代

沒有海　　沒有山
甚至沒有風

一絲風也沒有
無盡的黃昏　　無盡的清晨

我坐在油菜花地　　給你寫信
天　　快亮了

桃　花

（一）

我總是拒絕整飭的美
老想著乾爹家門口的那棵桃花

孤寂的桃花
只有一棵

乾爹九十五歲
只有一人

（二）

你家院子裡的草長得比你高了
歪著嘴涎口水的呆子說

你家院子裡的桃花開花了
歪著嘴涎口水的呆子又說
他們都說他是呆子
我覺得不是

不確定

一輪紅日
從家門口的小河升起
紅的更紅
清的更清

父親
迎著日出去犁地
母親
撬開了小河裡的冰

我不確定
這首詩的題目
應該叫日出
還是叫小河

二月二

哪一塊田要犁
哪一壟的水要放
哪一塊邊角料要種上
哪一個不確定的空間要去協商
以及醫生如何治好了我眼角下的膿瘡
這些，都得問我的父親

這個我稱之為父親的男人
像一架七零八落的機器
剩下胃
剩下耳
堅持整點報時
從早六點到晚六點

老　屋

屋頂的茅草是喜鵲的家
床上的茅草是孩子的家
土牆上的青苔
是歲月的家

早晨
雞出發
鴨出發
少年趕著鵝出發
細碎的塵埃也出發

傍晚
雞回家
鴨回家
少年趕著鵝回家
細碎的塵埃也回家

夜晚
豬呢喃
燕呢喃
電臺的男主持呢喃
大地深處在呢喃

母　親

（一）

從來不誇大生我的過程
就說我撲通一聲掉在地上
在一個秋天的清晨

母親堅持說生我的時候
天上既有太陽又有月亮
將日和月都請來
做我的名字

二十歲那年
母親給我寫了一封信
說孩子的生日娘的難日
我對著那句話想了半天

後來
我生孩子
歡呼雀躍的產房外
就母親一個人在落淚

（二）

母親低著頭
從青青的麥苗地裡向前走去

母親倒著走
從淺淺的稻田裡向後退去

前前後後
無邊無際

嫁妝與蘭花指
一起生了鏽

明天還有兩隻害蟲要除掉
母親想

（三）

稻草人穿上母親的衣服
一隻鳥也嚇不著

（四）

母親想找來一片土安放種子
發現自己的地裡種著別人的莊稼
門前的小路堅硬無比
孕育著綠藻的河床也孕育著秘密
屋頂的花園裡有一隻鳥徘徊

母親終於發現
有時找一片土比找一條路還要難

只因那時還未懂得

一個巨大的囚籠
暴君啊，暴君
弒血的劍吞下

若干年後父親哭了
在鬧鬧面前，因為打我這樣的曾經
我不知所措還不如自己哭泣

打是一種完成
以及一種完成之後的眼淚
只因那時還未懂得

校　長

客廳空曠　　大而無當
校長客氣地說一些無關痛癢的話
彷彿我是一個外鄉的孩子

校長一定老了
記不得我是怎樣在他眼皮底下長大
他又是如何溫柔地撫摸過我的頭髮
以及要求我長成一個怎樣的樣子

寡　婦

一個
兩個
三個
這個村莊的寡婦漸漸多起來

本來年輕的
變成老的了
來不及同情
自己也要走了

那些高的矮的
肥的胖的壯碩
有用的沒用的那人都去了哪裡

經年不變的村莊啊
吸了男人的汗和淚
最後將男人整個都吸進去
這到底是公平還是不公平

風中的麥秸稈
黃了又黃
撐著那個村莊
女人們皮包骨頭
一日三餐

發　小

她談一天坐著的十四個小時
脊樑如何堅硬如鐵

一個瘦瘦的男人
如何在一個下午釣回一桶魚

另一個胖胖的男人
如何在另一個下午撞死在一棵樹上

曾經我們一起撿起滿地的桑椹
安頓好桑椹上的每一顆露水

那個時候
她的小臉和桑椹一樣紅

又見《九九消寒圖》

一株稚嫩的老梅
開在鬧鬧筆下
一筆一畫劃去的每一天
如同唐僧的九九八十一難
明天我不知道會怎樣
只知道
冬天已經到了七九天

處子的春天

（一）古人

鬧鬧對時代敏感而混亂
常常問唐宋元明清的那些人
正在幹什麼
我也想知道

（二）重於泰山

最近鬧鬧關心
如何死得重於泰山
很多鼎鼎大名的人物
最後一個是閏土

（三）離開

離開　我要離開
叫囂的姿態
終於打開門

一屁股坐到院子裡

（四）束縛

爸爸說口罩雖然不舒服
但可以抗擊病毒
有時我就是你的口罩

媽媽讓鬧鬧戴上口罩出門
鬧鬧說不用了
你就是我的口罩

粉色的病毒

彷彿一群踩死的蒼蠅
有著骯髒的觸角
密密麻麻的黑
洶湧而來

萬黑叢中一點紅
鬧鬧說
那是變異的病毒
粉色的病毒

彷彿是一個屋子
豔麗的外表
誘惑的鬼魅
又彷彿是毒蘑菇

雨水無雨卻有夜
在夜裡
一個孩子瞪大眼睛問
為什麼好東西會有毒

蟄　居

13歲的鬧鬧
迎來了人生的初潮
輪迴
或者，完成

鬧鬧無動於衷
只是不喜歡
剛剛到來的13這個數字
誇張著它的不吉利
一語成讖

鬧鬧想像著三號線的所有網站
渴望像二十四節氣那樣誦讀
今年聽說鐵軌上有病毒
沒有人敢帶她去
我也不敢

蟄居的鬧鬧想像
曇花開放

想像夢的樣子
同時思考
怎樣讓死重於泰山的問題

蟄居的鬧鬧還常常思考
男人的樣子
問媽媽她喜歡的那個男生
此刻有沒有精子
以及與女生的初潮對應的
男人的樣子

我的村莊

一切光鮮來不及生長
大地裸露
我在一切裸露中穿梭
露水溫柔地沾滿我的衣裳
溫柔的。

老槐樹的皮乾枯
一幕幕默劇
一隻貓爬上牆頭
春天慵懶

爺爺種的
爺爺的爺爺種的子孫樹
長成之前的那個夏天　　我離開了
雪花飛舞　　一片片單薄的雲
腳底冰涼
它們說就不送我了

傲　慢

多麼可惜啊
有一天
我用我的愚蠢和傲慢
搗毀了老家的一切

我嘲笑父親的眼淚和不合時宜
父親終於沒有能阻止我
像很多年前一樣

荒涼　　真是荒涼
有個人這樣說
這個徹悟的旁觀者
是我的女兒鬧鬧

那一刻
我是心驚膽戰的

年裏的日常

一粒粒的瓜子
是一年裡的日子
這天連著那天
一天就是一年

一粒粒的瓜子
是一年裡的家常
這句連著那句
一句就是一年

一粒粒的瓜子
一年接著一年
那麼相似的場景
一年就是一輩子

疫情筆記

通行證

這個世界上
我們有很多通行證
只是沒想到有一天
我們的通行證會是體溫
正常的體溫

門

我總是不記得
社區關了一個門
習慣是毒藥
我害怕不習慣
更害怕習慣

快遞小哥

快遞小哥
堅持在門口等我

並說一天只吃一頓飯
今天，我不關心快遞有沒有送達
只關心你有沒有吃飯

呼吸

鬧鬧在家裡說不能呼吸了
拿起魔法棒衝出門去
說要用棒子殺死病毒
想想又回家找鋸子

菜場

一個個空的籃子被拎起
消毒
放下
門口大門緊密
外面有兩個人在敲門
他們說他們
從今天開始關心糧食和蔬菜

因父之名

在搖搖晃晃的人間之前
父親曾經健碩如兔
村上很多人可以證明
後來一根肋骨刺穿了靈魂時
父親身邊只有一個女人

父親將這個女人
變成茅舍　　爐火　　田地和村莊
變成紅玫瑰白玫瑰米飯粒和白月光
變成裝氣的桶和盛米的缸
變成子宮　　變成娘

父親經年累月地刨啊刨
想刨出一顆珍珠　　用一輩子呵護
卻刨到了柳樹上的刺
刺到父親疼　　刺到父親一聲不吭
父親的眼淚從來沒有流下來過
變成一條即將乾的河

父親總是在早晨的一支煙裡
說著一針見血的話
這樣真不好
其實關心春耕秋實就好
時間之外的意義都非常可疑
不變的是太陽升起

有一天
父親指著銀杏樹下的一塊地說
將來那是他的墓地
我還沒想好父親的墓誌銘
只想把父親變成一隻洩氣的氣球
朝著那個漏氣的地方拼命打氣

父親啊　　父親
父親娶了很多個母親
娶了星空　　娶了大地
又吐出所有的精血
將我留在人間

小　姐

女人在橋頭飄過
男人在她經過時齊刷刷看莊稼
我們村裡的姑娘　聽說　到城裡做了小姐
城裡人稱為小姐的女人　是我們村的姑娘
小姐　多麼派頭啊
大戶人家的想像　大人說不是的
其他語焉不詳　田野的風吹起裸露的衣裙
全村都是潔白的肌膚　多美的小姐啊
明天一定去請教我爹　怎麼做小姐
如果我爹講不明白　我就去請教她爹
一個瘦骨嶙峋的男人　盡職地帶著自己的
外孫
總說女兒工作很忙　任勞任怨的男人有好
報
女婿很恭謙　跟兒子一樣

遇　見

十歲的父親在土地廟裡
瘦小　　蜷縮像一隻貓
被我遇到了
我們都瘦得皮包骨頭
一起走出土地廟乞討
他將最大的餅給我吃
說長大了要做我的父親

二十歲的你打馬正從花間經過
英俊　　穿著十里春風
被我遇到了
那年我豐乳肥臀
為你生了一打的兔崽子
你說來世再和我做一家人

八歲的外婆在清明的四方桌上
拘謹　　像剛出了一趟遠門
被我遇到了
我看著她彷彿看著鬧鬧剛長大

我準備把她留下
在一個陽光燦爛的清晨

第三輯

雨

若干年前　　一場雨下在
一個角落　　一滴兩滴三滴
下到深夜　　下到清晨
下到大街上空無一人
夏天就要來了

若干年後　　一場雨下在
一首歌裡　　一滴兩滴三滴
下了一整個春天

關鍵字

（一）石

刻下象形文字與甲骨文
也刻下狼追羊

刻下誓言與謊言
也刻下忠貞

堅硬如水
天地之間的一張床

後來跋涉了很多年
一直找不到這塊石頭的下落

是我走得不夠遠嗎
還是我已經走得太遠

（二）光

是淺吟　　是低唱
瞬間的幽鳴

是叢林中的一根松
一個人聽見的心跳

是冬天的爐火
回家的信號

是一束光
對另一束光的追逐

一束光年之外的光
離開了尚未醒來的處女地

（三）橋

重逢
在一座橋上
彩虹一樣的橋

夢中的橋

我站在橋的中央
你從左邊來
你從右邊來
你從橋的中央來

明明我看見你來了
你的影重著我的影
但我裝著不知道
朝天上呼一口氣

瞬　間

（一）

我期待
一個瞬間
我的手滑過你的手
那只滑過你的手的事物
是我的手

像雨打芭蕉
像落葉奔向根
像蜻蜓吻過荷葉
像一切潮濕而有粘性的瞬間
證明我是愛你的

（二）

瞬間啊
瞬間
到底有多短

到底又有多長

哪一個讓你走近了我
又是哪一個讓你決定離開我

瞬間啊
瞬間

有時短得一根針也插不進
有時長得一輩子也走不完

貓　娃

一隻花貓
蜷縮在下午
遺忘了欲望

一隻白貓
逃離出寺廟
遺忘了修行

一隻黑貓
被誘騙出了家門
遺忘了我

我遺忘了你
你遺忘了從前
在一隻貓眼裡

正正好

當春天遇見花
下午遇見茶

當沉香遇見爐
蠟燭遇見光

當青春遇見夢
重逢遇見酒

當麥苗遇見春雨
田野遇見鋤頭

當白天遇見黑夜
大海遇見星辰

當你一抬頭時
正好看見了我

那些穿行的小巷

霓虹燈閃爍　　窺視的眼
巷頭連著巷尾　　青春的迷宮

青石板上的月光
長長的影

凸起的臺階　　年輕的血
一碗溫良的豆腐花撫平創傷

梧桐疏影婆娑
到底在哪一棵下　　一個童話故事開始

萬家燈火關了又滅
夜深了又深

在走完所有小巷之前
一個拐角處　　你說故事結束了

其實我早知道的

只是遺憾那麼俗套的結局

後來獨自穿行小巷很多年
一遍遍對著星星尋找你的眼睛

今天，我將穿過黑夜去看你

我希望路再長一些
再短一些也行

我希望夜再黑一些
再亮一些也行

我希望路再直一些
有一些歧路也行

我希望你還像當年一樣英俊
老得像我父親一下也行

我希望你妻妾成群葫蘆娃滿地
子人一身彷彿在等我一樣也行

突然
我希望你是一個農夫
所有的力量向下生長
不再空洞地想著詩和遠方

經年累月地打理著一個秘密花園
成熟的蘋果在腐爛之前
砸醒了一條沉睡的美女蛇

2020年3月4日晨、草就

快樂的星期五

一部大片在上演前流了產
大街上空無一人
動物兇猛

兩輛列車呼嘯而過
相遇的時間只有一秒
驚鴻一瞥
你想

兩條寂寞的鐵軌
一直到天邊也沒有交叉
它們起碼是肩並肩的
你想

郊外
油菜花遍地
蜜蜂滿地
不約了吧　今年我們
他說
星期五
快樂的星期五
你憊憊地說出了聲

小　城

一座小城
兩個人
一日三餐
四方桌

春天花開
冬天飛雪
孩子出生了
該去娘家看看了

歌聲蕩滌碗筷
日子嘩啦啦
他終究還是愛我的
她想

小城飄蕩在水上
心思密密匝匝
外面的人進不來
裡面的人出不去

　　誰造的城啊
　　誰圍的城
　　他想

　　　　　　　　　　　書於2020年3月6日午後

一百首詩

送點什麼給你呢
我在想

我都想將我的一切送給你啊
兩手空空

繦褓中的娃娃嗷嗷待哺
乳房乾癟

我環顧四周　　家徒四壁
只能寫一百首詩送給你

那些場景和詞語一起奔向我
我的骨頭釋放出磷

我一刻不停地寫完一百首詩
又在一個下午通通撕爛

書於2020年3月6日晚

當我開始關心

當我開始關心
雨前的螞蟻有沒有找到家
迷途的羔羊有沒有找到媽媽
當我開始關心
一切微小　　令人心疼的微小時
我又開始想你了

當我開始關心
月亮有沒有爬上梅梢
家裡的老槐樹有沒有開花
當我開始關心
一切美好　　朝生暮死的美好時
我又開始想你了

當我開始關心
魚兒在水裡呢喃
一口枯井漲了春潮
當我開始關心
一切聲響　　遁入無形的聲響時
我又開始想你了

那個秋天

當蘆花泛白的時候
湖面皺了
憂傷　　亦或歡喜

廢棄的村莊
廢棄的狗
一條小船

一座很深的寺廟
沒有人能找到
野貓出沒

那天早晨有霧
列車晚點了
說好我在這裡等你的

玉蘭花開

玉蘭真美　　我抬頭看
你說玉蘭不想看見我
我比她美

天氣真好
陽光爬上你的唇
微笑芬芳

那個花間的少年
不真實的　　不真實
我對鏡梳妝時這樣想

一陣神秘的風路過
吹走一片徘徊的雲
一隻喜鵲躍上枝頭

音　樂

本來想聽出點什麼的
卻聽出了無
漫無邊際
史前的人類

漫長
比漫長本身更漫長

悸動也總是
比悸動本身來得更晚一些

書於2020年2月26日晚

現在，我們怎樣戀一個愛

爬一次山
最好這個山足夠高
你背我下山
半山腰時你親了我
臉頰冰涼

坐一次船
最好這個水足夠寬
我們小手拉大手
快到岸時你擁抱了我
彼岸在即

去一次菜場
買回來最新鮮的菜
你滿臉油膩
給我做一個大餅

一個下午
我陪你喝得微醺

去一個田埂小坐
你給我講小時候的事
夕陽掉在我們身上
天快黑了

不可以

不可以說遺憾
不可以說傷感
甚至不可以說
如果

不是說好
都是友情出演的嗎

只是為了若干年後
聽懂一首歌

只是為了體驗在春天
會落淚的感覺

只是為了證明曾經年輕
遇見你只是道具之一

該落幕的落幕
該劇終的劇終
近期沒有天大的事
需要有個遠方的人假裝去念及

看不見

春蠶
看不見雲裳

星辰
看不見太陽

女兒
看不見爸爸的過去

我
看不見你走之後的樣子

期 待

我期待
有一輛呼嘯而過的列車

假裝你在等我
假裝我剛好到達

你在出站口等我
我到得比你稍晚一些

只是想為了證明
是你　　在等我

彷彿你一直在等我

種　下

哦少年
趁著這個春天
總應該種下點什麼的吧

種下花和草
種下星星和月亮
種下稱之為希望的一切事物

千萬別種下
懂得
在你沒有決定
用一生去收割之前

生　日

有一年
我特別想過一個生日

我想知道
你到底是記住我的
還是忘記了我

終究　　你是忘記我的
當然我是料到的
我是從那個生日開始老的

一首詩

我曾經想寫一首詩送給你
講你比喻成網
將我比喻成魚
我期待你說點什麼
可你什麼也沒有說

哪怕你說俗套也好　我想
你還是什麼也不說
後來我明白
你是什麼也不會再說了
那才放下心中的網

就像那首詩從來沒有寫過
就像你從來沒有來過
就像我們從來也不認識
就像一切雲淡風輕應該有的樣子
多好啊

向日葵

今天
我又發現一個秘密
愛的種子
結出的也許不一定是玫瑰

我想像
有一朵花
飄向你
最好是一束向日葵

那是一束
已經綻放的向日葵
最好
你還坐在街角的咖啡廳

書於2020年2月14日

圓

美輪美奐的一個圓
以摩天輪的名義

你說你來過這裡
我不知道
正如當年你要走了
我也不知道一樣

我常常經過這裡
看風
聽雨
看四季
偶爾看一眼摩天輪

我以為是沒有關係的
我沒想過我的圖
會配上你的文
然後圖文並茂的
一個圓

背景是一首見與不見的歌

美輪美奐的一個圓
以摩天輪的名義

口罩啊口罩

某年某月某日
你讓我一定要戴上口罩
並說這是這個春天
最有效的面具

你說
大概已經趟過了時間的河
想看到
我在對岸行走的樣子

你還說人生就是山丘
年輕時只知道爬山
並不一定知道
爬山的意義

河和山丘都是你的
不是我的
你是我的海
而我現在要從海底爬上來

穿越障礙迷霧和稀薄的空氣
並把呼吸分享給魚
然後輕得像一片紙
才能一點點上岸

在這之前讓我戴上口罩
這是這個特殊的春天需要的偽裝
也是如果上岸後
你看見的我的樣子

書於2020年2月3日

後來　我看過大海

總共
我記得你寫的兩首詩
一首大海
一首雪花
你將大海留給自己
將融化的雪花留給我
還有遠去的背影

我後來看過海
不確定在
海底
有沒有想過你
或者
你寫過的那首詩
抑或
只是海面上那只搏翔的海燕

相忘的終究相忘
我不確定是不是在那個寒冷的冬季

但一定不是在海底
因為後來的那年
我潛入海底
只有那麼短短的
一瞬

初　戀

當世界末日來臨的時候
大家都關起門來寫初戀

真的說是假的
假的說是真的

然後大家一起說
故事都是虛構的

空　間

西餐廳

記不得
吃了什麼
只記得兩個人
笑成了一桶爆米花
後來爆米花繁衍開來
天黑了

咖啡館

無字茶點
無字歌
無字的空氣
無話的兩個人
終於咖啡也涼了

老房子

有一天
我帶你到一座老屋前
找出你寫給我的信
親手還給你

我已經老得什麼都不記得了
老屋外面一株桃
是半個世紀之前的事情

肢　解

回憶錄裡
我狠狠肢解了一個喜歡過的男孩
頭歸頭　　腳歸腳
卸成九九八十一塊

後來
我總是這樣去肢解
一切完整的神秘
或者神秘的完整

現在
我一隻眼睜一隻眼閉
睜著的眼看零件
閉著的眼看美麗

重　逢

他清了清嗓子
彷彿在尋找一些句子

在這之前
他聳了聳肩

還和很多年前一樣
她想

他大概是說了些什麼的吧
牆上的卡通畫裂開了嘴巴

天空在門外
看不清到底幾點鐘

該離開了
她想

書於2020年3月6日晚

嫁　妝

有那麼一瞬
我是想嫁給你的
連嫁妝都想好了

帶一捧土吧
老屋前面銀杏樹下的一捧土
銀杏樹瘦得如我的手臂
是十年前的事

你看現在
它是多麼枝繁葉茂啊
我打算向它借兩片活蹦亂跳的綠葉
蓋在土上

遮住土裡面的種子
不讓你看見
得到什麼
那是下一個春天的事

是的　　　有那麼一瞬
我是想嫁給你的
連嫁妝都想好了

書於2020年3月6日晚

來　吧

乘著馬車來
坐著列車來

追著風來
踏著浪來

在白天來
在夜晚來

帶著行囊來
兩手空空來

江南的春是溫暖的
脫掉鎧甲來

我也是溫暖的
對於你從不撒謊

書於2020年3月7日晚

等你重新想起我時

有那麼一天
我想你時
同時在想故里

彷彿你從未離開
彷彿我也從未走遠
多麼好啊

我多麼想告訴你
這些年來的天空和大地
這些年的若干個瞬間
用喋喋不休的每個夜晚

等你重新想起我時

虛 構

那些年你帽檐壓得很低
對抗他長長的影
包裹自己　　棉花般的安全

他送給你兩張電影票
共赴一場虛構的約
在場景裡進入或者離開
切換　　無障礙

虛構的
都是虛構的
你再一次抱緊了自己

書於2020年3月8日晚

點　綴

一首老歌的一段序曲
一段錦上的一朵花

花開的時候風來的方向
愈飲愈淡的一杯茶

一張老照片的一個角
一個終將唾棄的口香糖

烤好的麵包上的一抹蜂蜜
朋友們喝醉酒後的玩笑話

點綴啊　　都是點綴
如果我裝糊塗
你會和我絕交

消　費

對不起
就當我是在消費你吧

所有的美都是你的
所有的背叛也都是你的

完美的一個拋物線
填滿了一個突然驚醒的清晨

儘管我是那麼期待
所有的美仍然是你的
所有的背叛來自於敘事的需要

下輩子做一條魚

魚兒一剎那的猶豫
由此產生的哀歎
轉身離去時候的千迴百轉
你如何懂得

千迴百轉之後的魚兒是會回來的
你若干年後才懂得
你不斷地譴責自己的傲慢、冷漠
大張旗鼓地不諳世事

下輩子做條魚吧
你想

今天是你的生日

我想坐上旋轉木馬
回到你出生的那一天

像你的媽媽一樣
慈愛地撫摸著你

書於2020年3月20日

停　止

手錶壞了
你說
時間停止了

我希望我也停止了
停止在那個下午
你安靜地告訴我手錶壞了

死　亡

那年我七歲
差點死掉

七歲的我
掉到了河裡
呼叫聲變成了魚的氣泡

我不能死掉
媽媽等我吃飯
爸爸等我回家
還有一隻貓

將救命稻草和虛空踩到腳底
將河岸的泥變成生命的碳
一點點　　一萬年
七歲那年　　一個孩子重生

七歲那年
我差點死掉
後來　總是疏遠而寥落
懼怕捲進一切魔力的漩渦

書於2020年3月15日

小酒館

有人在小酒館歌唱
一個大姑娘
金色的頭髮如一把碎銀
灑在海面　　胸脯潔白
山峰起伏　　憂傷的藤蔓鎖住
欲望的鴿

有人在小酒館歌唱
一個小女孩
單純的眼　　另一面湖水
倒映假想的繁複　　檸檬一樣的
嗓音　　乾乾淨淨
若干年後的百媚千嬌

一些杯子盛滿了咖啡
另一些盛滿了啤酒加冰
更多的是一無所有　　一無所有
所有的迷糊成一團霧
時光在一個回眸中老去　　靜靜地

黃　昏

牽牛花還沒有開
炊煙裡飄來未死的魂
連影都是長長的
黃昏是個大富婆
一天的時光怎麼也抖不盡

大地深處裂變
一群羊回家
我賴在小時候
像個心術不正的小偷　　四處遊蕩
將村莊偷偷藏進口袋

我總是賴在時光裡
總是　　多麼不好的習慣
外婆會盯著我出現的方向
我在黃昏的最後一縷光裡
卻再也走不進外婆的目光

現在我喜歡將黃昏掰成兩瓣

一瓣發呆　　一瓣想你
貓在我的桌頭　　一聲不吭
你在微涼中出現　　一聲不吭

我在黃昏中回家
打馬從你家門前經過
平平仄仄仄仄平
最好裝著不認識你
當然你也不要認識我

理解一個理由

理解一個理由
需要吃多少鹽
過多少座橋
溜走多少日子
看過多少沒有看過的人

需要多少次
替父從軍　　金戈鐵馬
又需要多少次
折戟沉沙　　血流成河

我抓來無數個俘虜
想要印證你的理由
無奈他們的忠誠都是假的
走到半路就開始撕咬我

我改去問天空
天空乾乾淨淨
只有星星

最後一顆告訴我
你的理由是藉口

我將它們抖落在塵埃
上交一萬片瓦礫
那我全部的回答
在天亮之前

書於2020年3月15日

當我老了

當我老了
我最想壞掉的是我的耳朵
讓一切聲音含混不清
詛咒或者情話都不需要
只想在一個下午靜靜地想你

當我老了
我想面目迷糊
像白天那樣白
像黑夜那樣黑
讓你看不清我的臉
讓你猜猜我是誰

當我老了
我要大聲說出你的名字
借老裝瘋
讓所有人都聽不懂
讓你也聽不懂
然後一直悄悄笑到棺材裡面

當我老了
我要將所有的謊言都梳理一遍
包括吃了多少條腿
吹了多少次冷風
愛了多少不該愛的人
以及今天寫的這首詩

書於2020年3月15日

你指著一隻春天的鳥

大喊一聲　　停
就停在屏風上吧
比飛翔好看

飛翔總是累的
要不說勞燕分飛
如果停在屏風上
美麗就是永久的

鳥兒聽了你的話
既不能飛走
又落不下來
它是多麼將它的羽翼給你
或者就做你的飄帶

停
特別是急行中的停
最難
一隻飛翔的鳥
一直在空中
等待解救

書於2020年3月15日

起風了

起風的那個晚上
不曾天黑
也不曾天亮
空氣中瀰漫著清淡的顏色
所有花兒競相開放

起風的那個晚上
做了白日夢那樣長
你的樣子在風裡
聲音也在
連同那件白色的外套　　梔子花開

起風的那個晚上
一陣比一陣更緊一些
一陣比一陣更慢一些
我隔著玻璃
想像風吹的樣子

暖　暖

有那麼一天
兩朵花兒一起開
太陽雨下到了黃昏
窗外的月亮那麼圓
白天用燭光對抗黑夜
人間暖暖

有那麼一天
全世界冰川消融
靜默與疼痛之後
放下旗幟與劍
歲月撤去舊屏風
大地暖暖

有那麼一天
天龍幻化成馬
在緩緩的下墜中靈魂上升
天地交融出一股暖流
生命的拱門越過

天下暖暖

那天以後
一切都是可以的
颱風就當你來過
下雨就當太陽雨
一切隱秘都與你有關
餘生暖暖

書於2020年3月20日

麻　雀

一群群的熱鬧
一群群的慌亂

翅膀亂了翅膀
眼亂了眼

靈魂亂了靈魂
飛翔亂了飛翔

跌倒中下墜
慌亂中升騰

大地悄悄張開了羅網
有一天
有一隻麻雀洩露了天機

木香花開

小小的木香
你居然識得
小小的我
你也是識得的

小小的木香會開花
那是去年的事
小小的我也會開花
那是上個世紀的事

木香有枝可依
往事卻沒有
今年的木香仍會開花
我正趕在老去的路上

那個下午
小小的我靠在小小的木香旁
搖晃著搖晃著
進入了夢鄉

燃　燒

紅色的火
黑黑的爐
白白的煙
暖暖啊

做柴吧
那白白的煙說
下輩子做柴
燃燒吧燃燒

希　望

希望振臂一呼
又希望淺吟低唱

希望擁有天下珍寶
又希望只有兩件薄裳

希望妻妾成群
又希望一生寵愛一個姑娘

希望庭院深深
又希望做一個荒島上的帝王

害怕與全世界不同
又害怕與全世界相同

其實，人到中年
我的想法和你一樣
但終於最終沒有勇氣割掉一隻耳朵
像梵高那樣

流沙歲月

女媧補天　兩顆流沙從天而降

巨大的驚慌之後停止搖晃
慰藉之中生長情誼
炙熱而溫情
心想　你就是我的了
我也是你的
天塌下來也就這樣

世界需要神話
生旦淨末丑　喜怒哀樂嗔與罵
於是將他們分了東西
一個東　一個西　或者一個南　一個北
天地混沌啊
誰知道東南西北　南北東西
老天自有安排

直到他們各自生了根　發了芽
一個成了藤　一個開了花

她多想看看他的藤
他多想看看她的花
可是日子已經過去太久了
他們都老得走不動了

女媧都嫌他們太老了
於是另選主角
天下又掉下來兩顆流沙

寫於3月17日

那天晚上，我爲什麼不會流淚

那天晚上
我竟然沒流淚
從你的眼睛下方看你
看你虛空的眼
看你漸行漸遠的魂
可是　　我就是不會流淚

那是我爸爸教我的
做人要有尊嚴
哪能隨隨便便就流淚
我一流淚爸爸就說我沒出息

你告訴我其實故事可以不是這樣的
如果我學會梨花帶雨仙人淚
爸爸啊
你爲什麼沒有教會我
該流淚時就流淚

原　諒

有一個詞不說口時
心倒是不痛的
士兵層層地把守
神聖地像一座雪山
死水也不會痛

一旦說出口
就像馬蜂捅了窩
大樹倒了猢猻散
又像強盜盜了墓
盜走了一顆最寶貝的夜明珠

不信你認認真真看著對方的眼睛
說一句　　我原諒你了
試試

憶

見上帝之前
我決定向記憶深處挖掘
打撈一些寶貝
可是乏善可陳
唯一的詩意竟然是你失去我

你若不來　　怎敢老去
你還是沒能來　　我已然要去見上帝
我帶著記憶中的你去見上帝
哪知上帝看了說
這分明是沒有完成的你自己

路　口

路旁一棵樹
樹上一盞燈
燈裡一朵花
花間兩個影
里弄人家的菜香味

上個世紀的冬天
沒有雨　　沒有雪
沒有雨雪
我們晃蕩著經過了一個路口
風也從那裡經過

後來的我們
再也不從那裡經過了
風還是從那裡經過
冬天大概也會從那裡經過的吧

我們的故事
從那個路口開始

上個世紀的那個冬天
我隔著一個路口看你
我們的故事又從那個路口開始

寫於2020年3月24日

二月蘭

一個男人擁抱二月蘭
當然
那來歷不明的姿勢不一定是擁抱
紫色的低吟也不一定是二月蘭
唯一確定的是一個男人

是的　　一個男人
一個女孩的父親
另一個女孩的花間少年
悠揚的鐘聲響起
放工的人還沒有回家
遠方
從那紫色開始的地方開始

我想像

我想像穿越人海去看你
那個出發的火車站有飛簷和走壁
有個古人在廣場上看著我
聽說他最大的成就不是建城
而是帶著一個有名的美女私奔

我想像有一朵櫻花落在額頭
後來發現櫻花撒了滿地
這個春天有人看櫻花了嗎
或者櫻花就是個代名詞

我想像因為想你而孤獨
其實孤獨是那麼奢侈的一個詞
奢侈到沒有一秒可以讓你獨飲的樣子
還是決定沉入人海
柴米油鹽醬醋你

我想像這些年裡你的名字如何變成了皺紋
可是想來想去想不出歲月與你的關係

你是那麼抽象
抽象到我也想不出與你的關係
我想像一切故事都有尾聲
誰與誰在白天或者黑夜相遇
生命本身就荒誕不經
春天也會有結局
省略號的最後一個圓圈

子　夜

我已經徘徊半天了
在一張廢舊的紙上
一隻曾經上過天的紙飛機

你是燈盞還是螢光
是光還是影
或者　　是快樂還是憂傷

你是光　　還是影
是快樂還是憂傷
同樣的問題　　你會問我嗎

子夜
模糊的輪廓　　紙飛機摺好
重新飛出去

春天的渡口

一條小船穿過春天
穿過時光隧道
也穿過一條水路　　斷頭路

在走投無路之前　　我卸下
慌張　　焦慮　　奢侈的悲傷
以及用來描寫春天的很多語言

不需要啊　　你說
語言衍生的音樂和詩歌
聽鳥聲　　聽　　鳥聲　　你說

我知道
我什麼也帶不走了
除了我的肉身

短　路

你是個安全的人
不會去追一輛追不上的列車
關心一場不會下下來的雨
不到深夜絕不放毒

左手撥出的數字與左手寫出的字不一樣
無法傳遞心中的密碼

一切都稀鬆平常
只是一不小心露出戰慄的模樣

有一種短路你是知道的
不一定是拒絕
也許是懂得
或者只是一段白　小心翼翼地等待月色

今夜有雨
天空壓得很低
你宛然一笑
將一切不請自來的東西通通拒之窗外

喜　歡

喜歡是個簡單的詞
一切的輕與重都在裡面
不需要悲傷也不需要哭泣
甚至連告別都是輕輕的

很多年前
我就是這樣喜歡你的
紅著臉幫你整理過行囊
很多年後
又紅著眼整理了一遍

讓我算算
一生還有多少個春天
這樣的整理和出發還能有多少回
然後在一朵花開的時候悄悄喜歡你

喜歡是個簡單的詞
一切的輕與重都在裡面
不需要悲傷也不需要哭泣
甚至連告別都是輕輕的

梅子黃時

今天是個好日子
一個車水馬龍的路口
南來北往的人們
共赴一場盛大的婚禮

一個少女經過
猶如一顆青梅掉進綠燈
閃爍
透亮
一股綠色的憂傷
流淌

梅子黃時雨嗎
一輛灑水車呼嘯而過
月上高樓
夏未透
照出紅色的兩半面孔

一半絢爛

一半休止
一陰一陽的一張臉
在預定的時間裡
迎來一個青黃不接的黎明

夜

一半是夜
另一半還是夜

一半長成夜的樣子
另外一半需要注解

讀著讀著
天就亮了

或者
更暗了

今天有雨
終將入夜

另　外

一些是日子
另外一些是日子之外的日子
你是日子之外的日子
你是日子

一些是遠方
另外一些是遠方之外的遠方
你是遠方之外的遠方
你是遠方

夜　晚

昏黃的
夜色
昏黃的
一碗炸醬麵
昏黃的
月
以及昏黃的
不知從哪年哪月打撈出來的一天

等風也在等你

一片葉用羸弱的身軀
托起一片花瓣
讓一朵花繼續開放
離開根
也離開夥伴
托住
穩穩地

不讓她飄
落
搶在靈魂沉淪之前的
七秒
挽救一種尊嚴
心碎的

一陣風飄過
轉眼就要永別
這是他們最後一次遇見
葉說
我在等風也在等你

味　道

我想告訴你一種味道
陽光的味道
青草的味道
果實成熟可能變成的果醬味道

我怎麼也說不出那樣的味道
只記得那天晚上
全世界都倒著
夕陽照在樹林上
啪啪地把光打在我的身上
寂靜成一種危險

冥思苦想了二十年後
發現酸甜苦辣只是陳詞濫調
一杯白開水
陪我來到一個茫然無助的下午
黃梅時節
空寂中沒有燃點

黎　明

凌霄開了
荷花開了
六月的黎明
初夏的花兒還有很多
豐富而多彩

一盞盞燈
爭相打開她們
慵懶了一夜後
離場
在黎明到來之前

世界荒無人煙
留下守夜人的傳說
回到從前的夏天是它的續篇
離家出走的鳥
悄無聲息地避開虎視眈眈的貓

為了告訴你這些消息

我蹲守了一夜
醒來時卻發現兩鬢斑白
重新學著走路
在下一個黎明

過　客

你說要做我生命最美的過客
注目一次花開
並等待花謝
注目一次日出
並等待日落

注目只需要一個眼神
而等待需要時間
我們各自俗務纏身
我婉然一笑
不打算戳破你的謊言

儘管如此
我仍然歡呼雀躍
決定在一個尚未命名的車站
照著你的樣子
張貼尋人啟事

果真有一輛列車呼嘯而過

後來你告訴我你已經來過
只是已經記不得我的樣子
親愛的
我現在轉身
迎面走來的是你嗎

烏托邦

就這樣再見吧
你有你的桃花源
我有我的烏托邦
那一年我這樣想

我花了很多時間去空想
長矛利劍
還有火光
偶爾會想像
夕陽落下的地方
是你來的方向
於是揮汗如雨
將你的味道種進我的故鄉

看啊
這就是我的烏托邦
一輪太陽
萬物生長
獨輪車上坐著我的馬和羊

稻穀金黃
呼吸順暢
越來越像當初你要的模樣

很多年後
聽說你要回來了
我就慌了
多年的勞作
已經老得不像樣
精心編排的水幕電影
嘩的一下散了場
哪裡才是我的烏托邦

你是誰
你在哪裡
現在，你又怎樣
小扉門響
你真的回來了嗎
一粒雨墜落
原來你真的離家近了
好吧
讓我對鏡貼花黃
最後一次來到人間

祝你平安

我想告訴你
青蛙在跳　魚兒在跳
月亮天上一個　水裡一個
天上的月亮是真的　水裡的月亮也是真的

我想告訴你
絲瓜長得很肥
狗狗又生了崽崽
天上雲卷　天上雲舒
雲卷是真的　雲舒也是真的

我想告訴你
曇花就在今晚開放
夜來香今夜不好意思開放
明天要下雨了　明天要出太陽了
明天要下雨是真的　明天要出太陽也是真的

其實　我想說
我想告訴你那些都是假的

只是想告訴你
我是平安的
我希望你希望我平安是真的
正如我希望你平安也是真的一樣

對　坐

你不是一片雲
也不是一陣風

不是那幅很真的剪影

當然　　也不是我的影

你是你
你是全部的我

你就這樣
靜靜地在我對面

坐著
我的眼　照亮　　你身後全部的世界

後　記

　　公元2020年開局的這幾個月，我幾乎是一口氣寫下了這些詩作。如果可以，我願意說它是噴薄而出的。

　　空氣似乎一下子澄明，春天似乎一下子來到，天窗似乎一下子打開，人也似乎一下子離天近了。我不停地想，如果世界末日真的來臨，我們註定有很多事情是完不成的，那就趕緊將一些沒有做或者永遠也沒有機會做的說出來吧。某種程度上，說要比做容易一些。在說中回憶、圓滿、體悟和救贖。當一切都說完的時候，無怨無悔，沉入大地。讓你滋潤的一朵花、一棵草告訴你，此生來過，無怨無悔。

　　我不停地向著記憶深處出發，彷彿很多東西其實一直就在手邊的，很多東西就在那裡，拿來就是，比如童年、時光、故人、故土。原來，無限的遠方無窮的人們一直在的，只是平時生活得太過庸常，庸常到都看不見自己在哪裡，何況他們乎。我嘗試用最簡練的最乾淨的語言去描述他們，我以為他們簡練乾淨得像一粒塵埃，任何形容詞都是多餘和矯情的，從大地來的就應該回歸大地，回歸大地本來的樣子。

　　我不停寫的過程，就是不停發現生活悖論的過程。我越來越發現生活最大的悖論，就是明明白白看見了結局，卻還是一路向前，勇往直前，追逐著微光向前。「明知山有虎，偏向虎山行」。開篇的〈秩序〉那一篇，是我工作15年，每天行駛30公里，大概行駛10萬公里的心得體會。10萬公里的歷程，突然有一天，我發現就是那麼短短的幾行——每天背著朝陽出發，每天背著夕陽回家。這就是我生活的悖論，這就是我的現實，或者叫做我們的現實。生活中，這樣的悖論比比皆是，明明知道，卻無能為力，這就是生存的境遇。而且，我發現我在蘇城生活的時間已經和我在老家長大成人的時間一樣長，但是，對於這座城市我還寫不出一首詩，我似乎還沒有真正走進它。後來，我發現連老家的小鎮都沒有真正走進過。寫詩的過程，就是內心不斷向內的過程，內心不斷向內的時候，真的不需要多麼大的天空。

　　詩歌還是對一切美好的瞬間的把握，而這些美好的瞬間往往又是過去式的或者未完成的。寫到這裡的時候，我在想，詩歌的意義就在於它的未完成性，或者叫做預言性。詩歌是一門不能太滿的藝術，不可以說得太多。這是我一個初學者的發現，當然我做得還很不好，但這並不妨礙我寫成一首詩時那種瞬間心痛的感覺。這種瞬間的過電感會成全我，或者擊敗我，

擊敗的幾率更大，一個人的隊伍潰不成軍。這大概就
是它的未完成性。這種未完成，有時是回溯性的，對
於過去；更多的時候是指向未來的，無望的時空。「遠
方除了遙遠一無所有」，但人們從來沒有放棄過對於
遠方的追逐。

　　因此，不得不說我的第三個發現，就是詩歌一定
是在無望中原諒和寬恕。〈憶〉中有一句原來是這樣
的：唯一的詩意竟然是失去你。王堯老師在讀後，給
我改成了：唯一的詩意竟然是你失去我。多好啊，就
是一剎那，讓我又明白了一個真理，失去永遠是互相
的啊，我們每天彷彿都在得到，每天又都在失去和逝
去。生命總是饋贈給人細碎的輕輕的疼痛，不可言說，
不可觸摸。因此，所有的解構之後，我們還是要學會
原諒，學會寬恕，學會和解，學會感恩。而這些詞中，
最終和最重要的還是感恩。感恩陽光，也感恩黑夜；
感恩天空，也感恩大地；感恩朋友，也感恩敵人……
只有學會感恩，才能在期待永恆時也珍惜碎片，在期
待明天時也珍惜當下。最終明白，重要的時刻有很多，
最重要的卻是此刻、當下；你在、心在，一切安好。

　　說到這裡時，應該要說感謝了。感謝所有一路同
行的人，感謝走著走著走散的人，感謝有可能在某年
某月把我重新憶起的人。當然，還得感謝我的恩師們
和我所有稱為老師的人，這樣的名字寫出來應該是一

長串，而他們現在、此刻都在我的心中深深鐫刻著。正是他們的寬容和詩意，鼓勵了我，讓我某年某月某日可以寫一些稱之為詩的文字，完成一個人的宗教。最後感謝一下我的父親，由於身體的原因，有時他不太願意講話。但我願意說他是個有趣的人，他周圍的朋友都是這麼說的。現在，我仍然可以從他的一個眼神看出他的趣味，以及對於我無限的包容和愛意。謹以此冊獻給我的父親母親、獻給生我養我的土地，獻給我如父母親一樣愛著的人們。

　　謝謝你們，一路相隨！

孫月霞修改於2020年6月21日